28 septembre 1852

exemplaire de B

CATALOGUE

DES

MODÈLES

ET

SURMOULÉS EN BRONZE,

De Pendules, Candélabres, Flambeaux, Groupes, Vases, Buires, Coupes, Bras de cheminée, etc.,

EN BLANC ET AVEC DORURE ET MOUVEMENT,

Après décès de M. FÉVRIER, fabricant de Bronzes,

DONT LA VENTE AUX ENCHÈRES PUBLIQUES AURA LIEU,

RUE DE BONDY, N. 26,

ancienne mairie du 5e arrondissement,

LES MARDI 28, MERCREDI 29, JEUDI 30 SEPTEMBRE 1852,
et jours suivants s'il y a lieu, à midi.

Par le ministère de Me **BONNEFONS DE LAVIALLE**,
Commissaire-Priseur, rue de Choiseul, 11.

⋘⋙

EXPOSITION PUBLIQUE

Les Vendredi 24, Samedi 25, et Dimanche 26 Septembre 1852,
de midi à 5 heures.

LE PRÉSENT CATALOGUE SE DISTRIBUE CHEZ :

Me BONNEFONS DE LAVIALLE, rue Choiseul, 11 ;
Rue de Bondy, 26 ;
Et rue du Petit-Thouars, 14.

1852

CONDITIONS DE LA VENTE.

Elle sera faite au comptant.

Les acquéreurs paieront, en sus des adjudications, 5 pour cent applicables aux frais de vente.

DÉSIGNATION
DES MODÈLES
ET
SURMOULÉS EN BRONZE

MODÈLES DE PENDULES.

1 — Guillaume Tell, n. 1, et son socle.
      Id.   n. 2, sans socle.
      Id.   n. 3, sans socle.
Un surmoulé avec changement, doré et bronzé.

2 — Le Passage du Mont Saint-Bernard.
    S'établit comme groupe sur deux terrasses.
Annibal, groupe.

3 — Newton, n. 1, avec plâtre, non terminé, sans socle.
Newton, n. 2, avec borne riche.
Un surmoulé doré et bronzé.

4 — Polymnie.
Un surmoulé au vernis.
    Se fait comme groupe.
Cincinnatus.

5 — Le maître Adam, ou le Poète artisan, sans socle.
6 — Borne à coupe ovale, riche style Louis XV.
   Un surmoulé doré.
   Borne, les deux Enfants du laboureur, dit les Attrapeurs d'oiseaux, sur deux bornes différentes.
   Une borne, surmoulé, sans groupe en blanc.
      Ce dernier modèle s'établit comme groupe sur deux terrasses.
   Un groupe surmoulé bronzé.
7 — L'Orage.
8 — Borne renaissance à tête de lion.
   Un surmoulé vernis.
   Formant un flambeau pied rocaille.
   Un surmoulé avec changement, doré et bronzé.
   Et un candelabre.
   Un surmoulé avec changement, doré et bronze.
9 — Borne Vénus à la coquille.
10 — Françoise de Rimini et Paolo.
11 — Le Vœu à la Madone.
12 — Le Faucheur, socle et borne.
   La petite Jardinière, dite Ninette, même socle et borne.
   Le Jardinier, groupe.
13 — Clio.
      Avec un pied et une autre figure pour candelabre.
14 — Les Adieux de Fontainebleau.
15 — L'enfant surpris par l'orage.

16 — L'Odalisque au mouchoir.
17 —   Id.   à l'oiseau.
18 — La Chinoise, sans bas, socle.
19 — Marguerite d'Anjou se découvrant à son armée, sur borne.
Annibal passant les Alpes.
20 — Charles Stuart après la bataille de Culloden, socle et comme groupe chasseur.
Les Adieux du page, sur borne et même socle.
21 — Inès au luth, sans socle.
22 — Amy Robsart, comtesse de Leicester, sans socle.
23 — Bonaparte à l'école de Brienne.
Un surmoulé en vernis.
24 — L'Enfant retrouvé, n. 1, borne.
   Id.   n. 2, borne.
   Id.   n. 3, borne.
Le n. 3 se fait sur terrasse nouvelle comme groupe.
Un groupe surmoulé.
25 — Alonzo et Cora.
26 — Le Signal, comte Almaviva, n. 1.
   Id.   n. 2, sans bas, socle.
27 — Borne, la Prière du Chérubin, n. 1.
   Id.   n. 2.
Le n. 2 s'établit comme Ange à la Croix, sur socle.
28 — Sapho, sans socle, avec une moulure.
29 — L'Amour et Psyché, groupe.
Une pendule surmoulée, bronzée et dorée.

30 — La Prière de Clotilde, n. 1.
  Id.   n. 2.

31 — La Fontaine composant ses fables, n. 1.
  Un surmoulé avec changement, doré et bronzé.
  La Fontaine composant ses fables, n. 2.
  Un surmoulé en blanc et un surmoulé doré et bronzé.

32 — Jeanne Gray refusant les attributs de la royauté, n. 1.
  Id. n. 2.
  Id. n. 3.

33 — Antonio et Annanziata.
34 — Villiam Wallace, groupe.
35 — Maleck-Adel et Mathilde, n. 1.
  Id.   n. 2.

36 — La Frivolité.
37 — Ptolémée, n. 1.
  Un surmoulé doré et bronzé.
  Ptolémée, n° 2.
  Un surmoulé doré et bronzé.

38 — Jeune Espagnole.
39 — La Religion.
40 — Faustulus, n. 1; socle.
  Id. comme groupe, sur nouvelle terrasse.
  Un surmoulé bronzé.
  Faustulus, socle n. 2.
  Deux surmoulés dorés et bronzés.
  La Louve, n. 1; se fait sur terrasse.
  Un surmoulé sur borne.

41 — Henriette d'Angleterre venant en France,
   n. 1, sur borne riche.
   n. 2, sur socle.
42 — Borne renaissance, l'Histoire.
   Un surmoulé doré.
43 — Borne renaissance, l'Etude.
   Un surmoulé doré.
44 — Sainte Cécile, sur socle.
45 — Jean Bart.
   Un surmoulé doré et bronzé.
46 — La Déclaration.
   Le premier Rendez-Vous.
47 — L'Ange gardien.
   Et comme groupe.
   Un surmoulé, groupe.
48 — Borne renaissance à coupe, anses cygne.
   Un surmoulé vernis.
49 — Borne Mazaniello.
   Un surmoulé doré et bronzé.
50 — Gondolière vénitienne, n. 1, socle et groupe,
   n. 2, socle.
   n. 3, groupe.
51 — La Comédie et la Tragédie.
52 — Les Plaisirs de l'automne, borne riche.
   La Vendangeuse italienne, n. 1, socle.
   Un surmoulé borne, doré et bronzé.
   La Vendangeuse italienne, n. 2.
     Ces figures s'établissent comme groupe séparément.
53 — L'Heure du Rendez-Vous.
   Les Regrets, même socle.
     Et comme groupe.

54 — Page sous François Ier, portant l'armure.
Page en védette (et un cheval), même socle.
55 — Jeunesse de François Ier, socle, n. 1.
Id. sans socle, n. 2.
Un surmoulé avec changements, en blanc.
56 — Page triomphant.
Se fait comme groupe.
57 — Marie quittant la montagne, socle.
Même figure, avec changement, formant l'offrande, même socle.
58 — Diane de Poitiers, socle.
Ce modèle s'établit comme statuette, avec changement de buste.
59 — Muse de la renaissance, socle.
Un surmoulé doré et bronzé.
Un surmoulé borne, avec changements, doré et bronzé.
Se fait comme groupe.
60 — L'Age heureux, n. 1, socle et borne.
Un surmoulé, borne noire, bronzé, avec changement.
L'Ange heureux, n. 2, sans socle.
61 — Clémence de François Ier, borne riche.
Un surmoulé doré et bronzé.
Charles VI, groupe, même borne.
Un surmoulé avec changements, borne noire, bronzé.
Odette de champs d'hiver sur une autre borne.
62 — Reine Berthe, n. 1.
Id. n. 2.

63 — La Moisson et Vendange, n. 1.
Un surmoulé blanc.
La Moisson et vendange, n. 2.
Un surmoulé doré et bronzé.
Le Moissonneur s'établit comme groupe.

64 — L'Abondance, borne rocaille.
Un surmoulé doré.

65 — La Leçon de musique, socle.
Mme de Sévigné, borne ovale et comme statuette.

66. — La Paysanne pieuse, n. 1.
Un surmoulé blanc.
Un surmoulé doré et bronzé.
Un surmoulé avec changements doré et bronzé.
La Paysanne pieuse, n. 2.
Un surmoulé blanc.
La Paysanne pieuse, n. 3.
Un surmoulé blanc.
Un surmoulé avec mouvement, doré et bronzé.

67 — Le Présent de cerises, n. 1, sur borne, style Pompadour.
Un surmoulé doré et bronzé.
Un surmoulé avec changements.
Le Présent de cerises, n. 2, socle.
Un surmoulé blanc.
Se fait comme groupe.
Un surmoulé groupe

68 — Sainte Geneviève, socle, n. 1.
Un surmoulé doré et bronzé.
Se fait comme groupe.
Sainte Geneviève, n. 2, socle seulement.

69 — Borne renaissance, à dragons.
Un surmoulé doré.

70 — Génie de la chasse et de la pêche, socle style Louis XIV, n. 1.

Se fait comme groupe à deux figures.

Un surmoulé groupe.

Le Chasseur seul forme un autre groupe dit le Rendez-vous de chasse.

Un surmoulé avec changement, sur borne noire, doré et bronzé.

Génie de la chasse et de la pêche, n. 2, sur borne.

Un surmoulé groupe.

71 — L'Oiseau chéri, socle, n. 1.
Un surmoulé doré et bronzé.
L'Oiseau chéri, n. 2.
Un surmoulé blanc.
Un surmoulé doré et bronzé.

Le n. 2 se fait comme groupe.

Un surmoulé groupe.

72 — Charlemagne, n. 1.
Un surmoulé blanc.
Un surmoulé doré et bronzé et mouvement.
Charlemagne, n. 2.

73 — Les Muses héroïque et pastorale.
Deux surmoulés dorés et bronzés, dont un avec mouvement.

La Muse pastorale s'établit sur un socle style Louis XVI.

Un surmoulé blanc.
Un surmoulé doré et bronzé.

74 — Racine.

75 — Borne renaissance à coupe ovale.
Deux surmoulés dorés et bronzés.
76 — Passage du Rhin, groupe.
Un surmoulé sur un socle doré et bronzé.
Chasse de Charles de Lorraine, groupe.
77 — Les Africains.
78 — Buffon composant son Histoire naturelle, avec un petit meuble comme statuette.
Voltaire composant sa Henriade.
79 — Alexandre-le-Grand.
80 — Jeannette, socle,
Surmoulé doré et bronzé.
Et comme groupe.
81 — L'Innocence, sur socle, n. 1.
Un surmoulé doré.
Se fait comme groupe dit l'Amitié.
L'Innocence, n. 2, sur socle seulement.
Surmoulé blanc.
82 — Uranie.
83 — La Fontaine d'amour, socle.
Même figure réduit sur même socle, réduit avec changements dit les Premières fleurs, et un troisième socle non terminé.
84 — Les Joueurs de boules, sur borne riche.
Surmoulé doré et bronzé.
Se fait sur borne simple.
Surmoulé doré et bronzé.
Deux surmoulés avec changements, bornes, dorés et bronzés.
Se fait comme groupe à deux et trois figures.

85 — Le Présent d'agneau, socle riche.
Surmoulé doré et bronzé.

Ces deux figures forment trois groupes seulement :

Le 1er le Présent d'agneau ;
Surmoulé avec changement, doré et bronzé.
Le 2e le Berger Némorin ;
Surmoulé avec changement, doré et bronzé.
Le 3e la Bergère.
Surmoulé avec changement, doré et bronzé.

86 — L'Étude de l'astronomie.
Surmoulé doré et bronzé.

87 — Bernardin de Saint-Pierre, n. 1, groupe.
Surmoulé avec changement sur borne, doré et bronzé.

Bernardin, n. 2, socle.
Surmoulé doré et bronzé.

Bernardin, n. 3, socle.
Surmoulé blanc.
Surmoulé doré et bronzé,

88 — Mozard composant son *Don Juan.*

89 — Philippe-Auguste.
Surmoulé doré et bronzé.

90 — Borne rocaille, enfant Clodion.
Surmoulé doré.

L'enfant se met sur une terrasse ; formant groupe, dit l'Enfant aux canards.
Surmoulé groupe.

— 13 —

91 — Le Printemps, socle style Louis XVI, n. 1.

    Id.   n. 2.

Surmoulé bronzé et doré.

Les Enfants à la Chèvre.

L'Été.

Surmoulé bronzé et doré, et un socle en velours.

    Ces quatre modèles seront vendus sous le même numéro.

92 — Jean-Jacques Rousseau, socle.
Surmoulé doré et bronzé.

Richardson, même socle.
Surmoulé blanc.

Richardson, comme statuette.
Surmoulé groupe.

93 — L'Astronomie, borne renaissance.
Surmoulé doré.

94 — Le Commerce et l'Abondance, style Louis XVI.
Surmoulé doré et bronzé.

95 — La Seine, socle.
Surmoulé blanc.

Deux surmoulés avec changements, pendules sur des socles en marbre, dont une avec mouvement.

La Seine, avec terrasss pour groupe.
Un groupe surmoulé.

96 — La Leçon de flûte.
Surmoulé doré et bronzé.

97 — Le Repos du Berger, socle.
Avec terrasse pour groupe.
Surmoulé groupe.
La Nymphe au coquillage.
Surmoulé doré et bronzé.
Avec terrasse pour groupe.
Surmoulé, groupe.

98 — Les deux Enfants au cygne, socle.
Surmoulé bronzé et doré, et mouvement, socle et cylindre.

99 — La Jeunesse de Callot.
Surmoulé doré et bronzé.

100 — La Chute du Jourdain, socle, n. 1.
Surmoulé blanc.
Se fait comme groupe.
La Chute du Jourdain, socle, n. 2.
Surmoulé blanc.
Se fait comme groupe.

101 — Borne rocaille, l'Enfant à la chèvre.
Surmoulé doré.
Avec terrasse pour les oiseaux, formant un groupe dit le Combat d'oiseaux.
Surmoulé, groupe.

102 — La Charité, socle riche et comme groupe.
Surmoulé doré et bronzé.
Surmoulé sur borne, doré et bronzé, avec changement.

103 — Philippe Chabot, socle.
Et comme groupe.
Surmoulé groupe.

104 — L'Ange protecteur, borne riche.
Surmoulé doré et bronzé.

105 — La Méditation, socle.
Surmoulé doré et bronzé.
Se fait comme liseuse, avec changement de bras, même socle.
Surmoulé doré et bronzé.
106 — La Navigation et l'Agriculture.
Deux surmoulés dorés et bronzés.
Deux surmoulés blancs.
Le Navigateur se fait sur borne.
Surmoulé doré et bronzé.
L'Agriculture sur une autre borne.
Surmoulé doré et bronzé.
Surmoulé avec changements, borne, doré et bronzé.
107 — L'Assomption de la Vierge, n. 1.
Id. n. 2.
Surmoulé doré et bronzé.
Ces deux modèles se font comme groupe.
108 — Le Concert, borne rocaille.
Deux surmoulés dorés.
Surmoulé avec changements, borne noire, doré et bronzé.
Les Enfants s'établissent sur terrasse.
Un surmoulé, groupe.
Et coussin comme groupe.
109 — La Toilette de Vénus.
Sur borne. (Manque la boule).
Surmoulé doré et bronzé.
110 — Les Amours aux colombes,
Surmoulé blanc.
Deux surmoulés dorés et bronzés.
Socle cuivre.
Socle marbre.
Deux surmoulés dorés et bronzés.

111 — Deux Virginie, n. 1.
Une au bain.
Surmoulé doré et bronzé et mouvement.
Une aux colombes.
Même socle et toutes deux comme statuettes.
Surmoulé, groupe.
Virginie au bain, n. 2.
Avec palmier, socle riche.
Surmoulé doré et bronzé.
Même figure, Virginie aux colombes, n. 2.
Avec Paul.
Surmoulé doré et bronzé.
Même socle.
Cette Virginie n. 2 s'établit sur deux terrasses différentes pour groupe.
Surmoulé avec changement, borne et mouvement.
Un creux en plâtre pour la Virginie aux colombes, n. 1.
Deux plâtres.
Seront vendus sous le même numéro.

112 — Les Enfants au bouc, borne riche.
Surmoulé doré et bronzé.
Trois surmoulés avec changements, sur borne, dorés et bronzés.
Se fait comme un groupe.

113 — Borne, l'Enfant au cygne.
Surmoulé doré et bronzé.
Surmoulé groupe.

114 — Les trois Enfants à la cage, sur borne, style Louis XVI.

Surmoulé blanc.
Surmoulé doré et bronzé.
   Se fait comme groupe à deux figures sur deux terrasses différentes.
Surmoulé, groupe.
Surmoulé avec changement, borne carrée, dorée et bronzée.

115 — Daguesseau avec meuble riche.
Surmoulé avec changement, socle riche, doré et bronzé·

Meuble pour statuette, sans socle.

116 — Horace.
Trois surmoulés dorés et bronzés.
Et comme groupe.
Surmoulé, groupe.

117 — Le Génie et l'Étude.
Surmoulé doré et bronzé.
   La figure Étude se fait sur un autre socle.
Surmoulé blanc.
Surmoulé doré et bronzé.

118 — La Colombe chérie.
Surmoulé blanc.
Surmoulé avec changement, marbre doré et bronzé.
Surmoulé bronzé et doré.
Et comme groupe.
Surmoulé groupe.

119 — Xénophon, deux modèles de figures.
Un à tête drapée.
Surmoulé blanc.
Surmoulé doré et bronzé.
Un à tête nue.
Avec deux socles différents.

120 — Le Fleuve de la Vie.
Deux surmoulés blancs.
Cylindre et socle.
Surmoulé doré.
Avec deux socles différents.

121 — L'Enfance de l'Amour et de Psyché, socle riche.
Deux surmoulés dorés et bronzés.
Socle velours.
Surmoulé doré.
Socle à panneaux.
Surmoulé doré et bronzé.

122 — La Première Pensée.
Surmoulé doré.
Socle et cylindre.
Double bas socle.
Surmoulé blanc.

123 — Les Enfants studieux.
Surmoulé blanc.
Surmoulé doré et bronzé, sur porcelaine.

124 — L'Étude de la géographie, style Louis XVI.
Quatre modèles de figures se faisant séparément comme groupe.
Deux surmoulés, groupe.
Surmoulé avec changement, établi sur socle, Berger, en blanc.

125 — L'Amour et l'Hymen, modèle ancien.
Surmoulé blanc.
Avec tors de laurier et boules modernes.
Surmoulé doré et bronzé.

126 — Abeilard, borne riche.
Surmoulé doré et bronzé.
Surmoulé avec changements, borne blanche doré et bronzé.

127 — Jupiter. Groupe monté sur un socle, marbre jaune.

128 — Une petite figure, Louis XV, non ciselée.

129 — Deux petites figures, Minerve.
Une figure de guerrier.
Une figure de petit berger.
Une figure d'amour.

GROUPES.

130 — Le Passage du ruisseau.
131 — Le Lion et la Tortue.
Surmoulé, groupe.
132 — Le Galant vendangeur.
133 — Le Joueur de vielle, deux terrasses.
134 — Le Combat de l'aigle et du serpent, deux terrasses.
135 — Le Cheval arabe.
136 — L'Amour aux oiseaux.
Surmoulé, groupe.
137 — L'Inquiétude maternelle.
Surmoulé, groupe.
138 — La Baigneuse.
Surmoulé, groupe.

139 — Le Grec.
Surmoulé, groupe.

140 — Le duc de Bellegarde.
Surmoulé, groupe.

141 — Sainte Cécile avec un enfant.
Surmoulé, groupe.

142 — L'étude des sciences, fondu sur terre cuite.
Groupe surmoulé, sur borne noire.

143 — La France protégeant le Commerce et l'Industrie.
Surmoulé, groupe.

144 — Ulysse.
Surmoulé, groupe sur socle noir.

145 — L'Enfant à la chèvre.
Deux surmoulés sur borne, dorés et bronzés.

BUSTES.

146 — Homère, deux modèles.
147 — Cicéron. Deux modèles.
Groupe surmoulé.
148 — Démosthène.
Groupe surmoulé.
149 — Hippocrate.
Groupe surmoulé.
150 — Le général Foy.
151 — Henri IV.

BUIRES.

152 — Style Renaissance, n. 1.
      Id.   n. 2.
Un Surmoulé argenté.
153 — Une corbeille supportée par trois figures.

VASES.

154 — Le grand vase Borghèse et le grand modèle de coupe allant avec.
Surmoulé blanc de coupe.

155 — Vase, anses, Bacchante, grand modèle complet.
Surmoulé blanc.

156 — Vase moyen, Borghèse, à culots, feuilles d'accanthe.

157 — A culots, feuilles d'accanthe et vigne, avec deux modèles d'anses.

158 — A Vignes, n. 3.
Surmoulé doré et bronzé.

159 — Renaissance.
Surmoulé blanc, bronzé.

160 — Chinois, n. 1.
Id. n. 2.

161 — Rocaille riche, anses, Génie, n. 1.
Se fait sur marbre.
Rocaille riche, anses, Génie, n. 2.
Se fait sur marbre.
Surmoulé doré et bronzé.

162 — Culots à gaudron à anses, Bacchante, sans moulures.

163 — Renaissance, corps de vase à têtes et à anses, Enfants.
Se fait sur cuivre et sur marbre.
Surmoulé doré et bronzé.

COUPES.

164 — Plate, à tête d'Ange, n. 1.
       Id.   id.   n. 2.
       Id.   id.   à guirlandes de fleurs, n. 1.
       Id.   id.   à guirlandes de fleurs, n. 2.

Deux surmoulés avec changements bronzés et dorés.

Plate, à cartouche, n. 1.

Surmoulé avec changement doré et bronzé.

Plate, à cartouche, n. 2.
       Id. à serpent, n. 1

Surmoulé avec changement, doré et bronzé.

Plate, à serpent, n. 2.

165 — Renaissance à Génies.

Surmoulé doré et bronzé.

166 — Riche renaissance, pied.
       Pyramide.

Surmoulé bronzé et doré.

       Pied carré.

Surmoulé doré et bronzé,

167 — Grec.

Surmoulé blanc, coupe seule.

168 — Ovale et anses, Grec.

169 — Griffons, n. 1.
Surmoulé doré.
Surmoulé doré et bronzé.
Griffons, n. 2.
  Id. n. 3.
Quatre surmoulés dorés et bronzés.
Quatre surmoulés dorés et bronzés, avec changements.
n. 3. Se fait sur un autre pied.

170 — Style Louis XVI, creuse, à anses grec, n. 1.
Surmoulé avec changement.
Style Louis XVI, creuse, à anses grec, n. 2.
Deux surmoulés dorés et bronzés.
Deux surmoulés dorés et bronzés, avec changements.

171 — Renaissance à trois têtes.
Surmoulé doré.
Surmoulé doré et bronzé.
Deux surmoulés dorés et bronzés, avec changement, doré et bronzé.
Formant un flambeau.
Surmoulé doré et bronzé.
Renaissance à trois têtes, n. 10.
Surmoulé doré et bronzé.

172 — Liseron, genre nature.
Surmoulé blanc.
Deux surmoulés dorés et bronzés.

173 — Style Louis XVI, anses, têtes d'oiseaux.

BRAS DE CHEMINÉE.

174 — Tournant à six lumières, style Renaissance.
Surmoulé vernis.

175 — Bras, style Louis XVI, n. 1, cinq branches, six lumières
Surmoulé vernis.
N. 2, sans bouquets.

BOUGEOIRS.

176 — Chauve-souris.
Surmoulé vernis.
Monstre.
Surmoulé vernis.
Dauphin.

FLAMBEAUX.

177 — Renaissance à blason.
Surmoulé doré et bronzé.
178 — Rocaille, pieds papillon.
Surmoulé doré.
179 — Renaissance, pieds à tête de femme ailée.
Surmoulé doré.
Bouquets pour candelabres.
Surmoulé doré et bronzé, avec changements.
180 — Renaissance, pied à pans.
Surmoulé doré et bronzé
181 — Rocaille, pied à coquille.
Surmoulé doré.
182 — Renaissance, tête de Chérubin.
Surmoulé doré et bronzé.

183 — Renaissance à balustre, pieds, triangle à têtes.
Surmoulé doré et bronzé.
184 — Rocaille, pieds à jours.
Surmoulé doré.
185 — Balustre, pieds à guirlandes, style Renaissance.
Surmoulé bronzé et doré.
Surmoulé   id.   avec changement.
186 — Renaissance, pieds à trois bustes.
Surmoulé doré et bronzé.
187 — Style Louis XV, Enfant, à deux branches.
Surmoulé doré et bronzé.
Formant un autre flambeau.
Pieds rocaille, tige et vigne.
Surmoulé avec changement.
188 — Renaissance, pieds ronds, serpent.
Surmoulé doré et bronzé.
189 — Renaissance, pieds à dauphin.
Surmoulé doré et bronzé.
190 — Rocaille, pieds à balustres, fleurs.
Surmoulé doré.
191 — Style Louis XVI, à anneaux.
Surmoulé doré.
Surmoulé doré et bronzé.
Style Louis XVI, à pieds ronds.
Un surmoulé doré.
192 — Renaissance riche, groupe d'enfants.
193 —   Id.   pieds ronds tracé à console.
Surmoulé doré et bronzé.

CANDELABRES.

194 — A rubans, formant flambeau.

195 — Renaissance à gaîne, n. 1.
Surmoulé doré et bronzé.

Renaissance à gaîne, n. 2.
Surmoulé doré et bronzé, avec changement.

Formant deux flambeaux.
Deux surmoulés dorés et bronzés.

196 — Enfants, style Louis XIV.
Surmoulé doré.

197 — Pied triangle à trois branches, quatre lumières, dit n. 9.
Surmoulé vernis, avec changement.

198 — Style Louis XV, n. 1, cinq branches, six lumières.
Surmoulé doré et bronzé.

Style Louis XV, n. 2, trois branches, quatre lumières.

199 — Renaissance, pieds à griffons.
Surmoulé doré et bronzé.

Formant flambeau.
Surmoulé doré.

200 — L'Été et l'Automne, style Louis XVI, enfants debout, n. 1, quatre branches, cinq lumières.
Surmoulé blanc.
Surmoulé doré et bronzé, avec changement.

L'Été et l'Automne, style Louis XVI, enfants debout, n. 2, trois branches, quatre lumières.
Surmoulé blanc.

201 — Rocaille, n. 1, cinq branches, six lumières.
Surmoulé doré.

Rocaille, n. 2, quatre branches, cinq lumières.
Surmoulé doré.

202 — Vase, têtes de béliers, style Louis XVI.
Surmoulé blanc.
Surmoulé doré et bronzé.

Formant coupe.
Surmoulé doré et bronzé.

203 — L'Été et le Printemps, style Louis XIV, trois branches, quatre lumières.
Surmoulé blanc.

L'Été et le Printemps, style Louis XIV, pieds, à trois enfants, à six branches, sept lumières.
Surmoulé doré et bronzé.

Style très riche, à têtes de Chérubins.
Surmoulé doré et bronzé.

204 — Renaissance, à balustre, pieds chimères, six branches, sept lumières.
Surmoulé doré et bronzé.

Renaissance à balustre, n. 2, trois branches, quatre lumières.
Surmoulé doré et bronzé.
Surmoulé doré et bronzé, balustre marbre, avec changements.

205 — Style renaissance, trois bustes, cinq branches, six lumières.
Surmoulé doré et bronzé, avec changement.

206 — Style Louis XVI, balustres, pieds à guirlandes de vignes, consoles à têtes de béliers, trois branches, quatre lumières.

Surmoulé blanc.

207 — A console, n. 1, à trois branches, à fruits, quatre lumières.

A console, n. 1, à trois branches, quatre lumières, formé de pièces appartenant à celui branches à fruits.

A console, n. 2, à trois branches, quatre lumières.

A dauphin, n. 4.

Son bouquet est celui des candélabres à console n. 2.

A dauphin, petit modèle, trois branches, quatre lumières.

A griffes, colonnes à diamants, formé avec des pièces de candélabres à consoles.

Deux surmoulés avec changement, dorés et bronzés.

Le flambeau dauphin.
Le flambeau console, n. 1.
　　　　Id　　　　n. 2.

208 — Grec, n. 8, trois branches, quatre lumières.

209 — style grec, genre lampe.

210 — Style Louis XVI, à vase riche, quatre branches, cinq lumières.

Surmoulé, avec changement, bouquet de lis, tout or.

211 — Style Louis XVI, Enfants debout, dit n. 6, cinq branches, feuilles d'eau, six lumières.
Surmoulé doré et bronzé.
212 — Moisson et Vendange, n. 1
Surmoulé avec changement.
Les Enfants s'établissent comme statuettes séparément.
Surmoulé avec changement, Bacchus sur borne, doré et bronzé.
Surmoulé avec changement, sur marbre, doré et bronzé.
Moisson et Vendange, n. 2, comme candelabre.
Deux surmoulés blancs.
213 — Femme debout, style grec, six branches, sept lumières.
Deux surmoulés dorés et bronzés.
214 — Enfants, style Louis XVI, portant des corbeilles de fruits, six branches, sept lumières.
Surmoulé doré et bronzé.
215 — Genre nature groupe d'oiseaux et fontaine, cinq branches, six lumières.
Surmoulé blanc.
216 — Vigne, non terminé.
217 — Un lot de chapiteaux et embases pour colonnes.
218 — Un lot de pieds de rocaille.
       Id.   anses pour porcelaine.
219 — Id.   moulures renaissance.
220 — Id.   id.   anciennes.

221 — Deux modèles coupes anciennes.
222 — Un lot de socles anciens.
223 — Un lot de patins.
224 — Un lot de diverses pièces pour candelabres.
225 — Un lot d'appliques anciennes.
226 — Une figure de Napoléon avec drapeau, et une applique de socle.
227 — Un lot de diverses pièces modèles et lunettes.
228 — Une paire de bouquets, tulipes, fondus sur anciens modèles, non ciselés.
229 — Un lot de lampes, non complet.
230 — Un flambeau rocaille, plâtre.
231 — Une petite Figure de femme avec meuble et plâtre.

SURMOULÉS DIVERS.

Une paire de coupes, anses à cygnes.
Surmoulé doré et bronzé.
Une paire candelabres à consoles, tête de femme, trois branches, quatre lumières.
Surmoulé doré et bronzé.
Une petite coupe style Louis XV.
Surmoulé blanc.
Une petite coupe ovale renaissance.
Surmoulé blanc.
Une petite coupe, anses à cygnes.
Surmoulé blanc.
Une petite coupe creuse.
Surmoulé blanc.
Une petite coupe plate à anses, guirlandes.
Surmoulé doré et bronzé.

Une paire de flambeaux, serpent au vert antique.

Une paire de flambeaux à vase, têtes de béliers à bouquets de fleurs de lis.

Surmoulé doré.

Une paire de flambeaux à griffes, pieds triangle cadrillés, colonne marbre.

Surmoulé doré et bronzé.

Un groupe modèle, Fleuve Scamandre.

Monté sur son socle surmoulé vernis et bronzé.

Une Pendule, Marius, grand modèle.

Surmoulé doré et bronzé.

Une paire de candelabres à consoles, colonnes marbre avec petits montants.

Surmoulé doré.

Un buste Napoléon, ciselé.
Un buste Napoléon, fonte.
Un buste Henri IV, fonte.

Une Borne, marbre vert antique, socle, cylindre et mouvement.

Surmoulé doré.

Un lot de colonnes cuivre.

Un lot de diverses lunettes.

Une Borne cuivre, Chasse et Pêche, n. 2, sans groupe.

Un socle de Racine, monté sans groupe.
Un socle Faustulus, marbre jaune monté.

Une Borne marbre jaune montée. Manque des heures.

Un lot de marbre divers.
Un lot de chaîne en cuivre pour lampes.

Une paire de pieds marbres montés.
Une Pendule, la Prière à la Madone.
Surmoulé blanc.

Les comptoirs, rayons, consoles et un pupitre, seront vendus à la fin de la dernière vacation.

Les établis, les étaux et autres outils servant à la fabrication, seront vendus rue du Petit-Thouars, 14, avec les casiers.

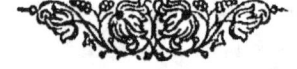

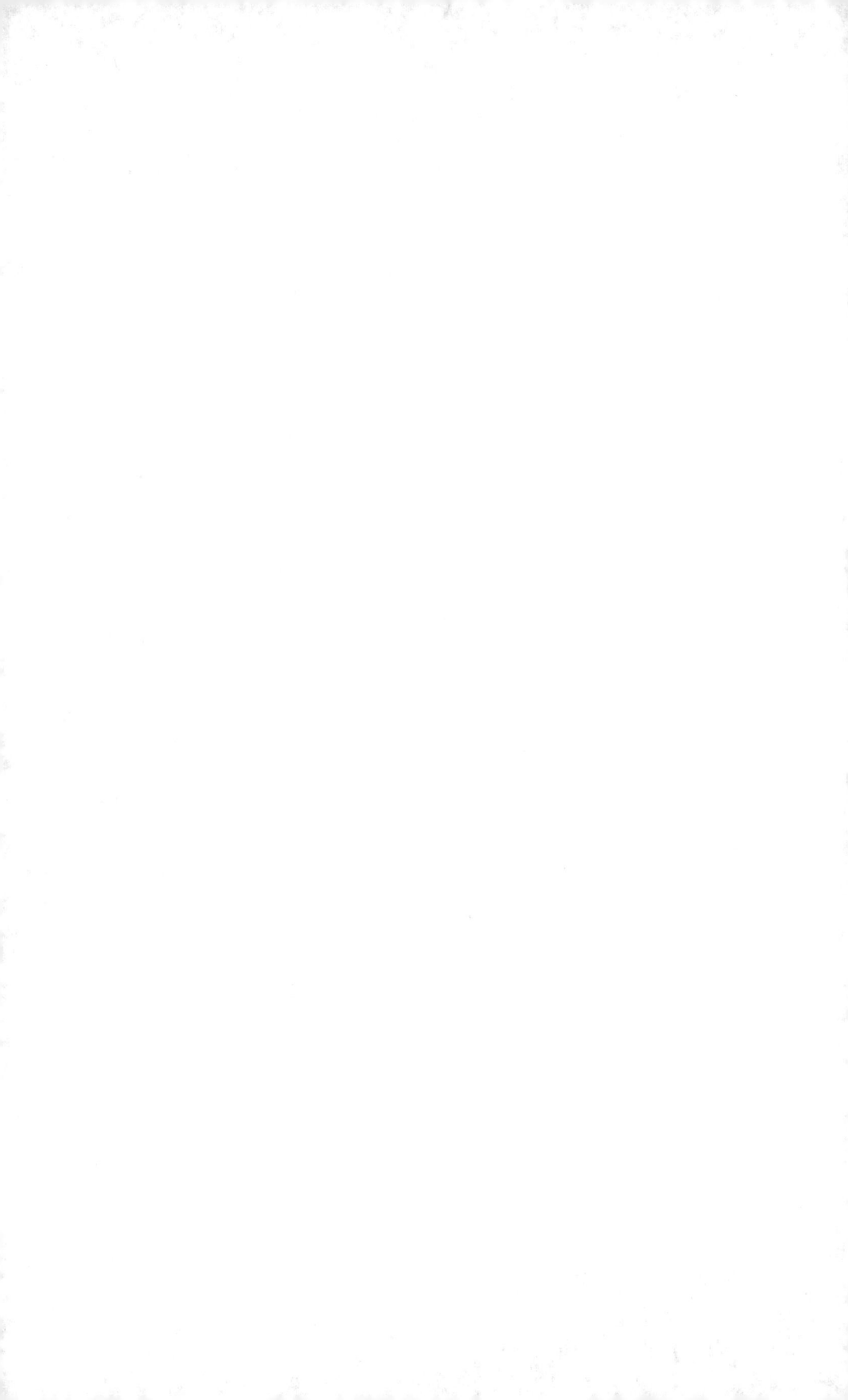

www.ingramcontent.com/pod-product-compliance
Lightning Source LLC
Chambersburg PA
CBHW030106230526
45471CB00003B/1276